人にはどれだけの土地がいるか

トルストイ原作　柳川茂文　小林豊画

これは、ロシアのある地方にむかしから伝わるお話です。

ある村に、パホームという名の農夫がいました。
パホームは働きもので、毎朝、夜明けとともに畑に立っていました。
パホームがたいせつに育てれば、それにこたえるように、麦ややさいの収穫もふえました。
パホームのおくさんも、パホームに負けないくらいの働きものでした。

ある日、町でくらしている、おくさんのあねが訪ねてきました。

「まあまあ、よくこんなくらしをしているわねえ。町では、きれいな家に住んで、おいしいものを食べられて、お金さえ出せば、なんだって自分のものになるのよ。」
「あたしは町のくらしなんて、すこしもいいとは思わないわ。」
いもうとは、畑しごとがどれほど楽しいかを話しました。
「そうとも、そうとも。自分で土地をたがやして作物をつくる生活ほど、やりがいがあるものはないぞ。」
パホームもとくいげに言いました。
「でも、いくらえらそうなことを言ったって、自分の土地じゃないんでしょ。」
あねは、パホームのいちばん気にしていることを言うと、町に帰って行きました。

「そうなんだよなあ。自分の土地だったら、もっとやりがいがあるのに。
土地さえあれば、なんだってこわくない。悪魔だってこわくないさ。」
悪魔がこっそり、それを聞いていたことを、パホームは知りませんでした。

パホームのねがいがかなうチャンスは、思いがけず、早くやってきました。
畑の女地主が、土地を売りに出したのです。ほかの農夫たちが買うらしいとのうわさも聞きました。
「すっかり買われてしまったら、おれは一生土地なしで、ばかを見るぞ。」
そこで、借りていた土地の倍の広さの土地を買うことにしたパホームは、苦労してお金を集めました。
それでも、集まったお金は半分ほどでした。
人のよい女地主は、残りのお金の支払いを、２年間まってくれました。

自分の土地を手に入れたパホームは、うれしくてむねがいっぱいになりました。
寝る時間もおしんで、働いて、働いて、また働きました。
そのかいがあって、借りたお金はたった1年で返すことができました。
「これで、ねえさんにじまんできるわ。」
おくさんも、日焼けした顔をほころばせて喜びました。

ところが、こまったことが起こりました。まわりの農夫たちが、
パホームの畑や牧草地にへいきで牛や馬を入れるのです。
「ここはおれの土地なんだ。かってに入れないでくれ！」
「こんなに広くなったんだから、すこしくらいいいじゃないか。」
いくら注意しても、いっこうにききめがありません。
そこで、パホームは自分の土地に囲いをつくりました。
しかし、すぐに囲いはこわされ、
また牛や馬が入るようになりました。
「もう、ゆるさないぞ！　ひどいめにあわせてやる。」
パホームは、牛や馬を力づくで追い出しました。

パホームは広い土地を持つようになりました。
でも、彼の心は前よりもずっとせまくなってしまいました。

パホームが、もめごとつづきで、むしゃくしゃしているときのことです。
旅のとちゅう、パホームの家に立ちよった農夫が、いい話を聞かせてくれました。
「ボルガ川のむこうでは、広い土地がとびきり安く買えるよ。
貧しかった友だちなんか、今じゃ、6頭の馬と2頭のめ牛を持っているんだ。」

農夫の話に、心をおどらせたパホームは、いそいそと旅のしたくをはじめ、その日のうちに、ボルガ川のむこうをめざして旅立ちました。

「おお、こここそ、さがしていた土地だ！」
パホームはすっかりそこが気に入り、今までの３倍の広さの土地を買うことにしました。

それから、今まで住んでいた村の土地を売って、あわただしく家族でひっこしました。
新しい家を建て、家ちくを飼い、パホームとおくさんは、また、いきいきと働きはじめました。
くらしも、前にくらべるとずっと豊かになりました。

またたくまに3年がすぎました。
ふしぎなことに、広い土地もなれてくると、なんだかものたりなくなってきました。
「もっと広い土地があったら、今よりもずっといいくらしができるのになあ…。」
そんなとき、ねがってもない話がころがりこんできました。近くの農夫が、
今の10倍の広さの土地を、安く売ってくれるというのです。
「おれは、なんと運がいいんだろう。それというのも、前のところを出てきたからこそだ。」

ところが、ちょうどその話が決まりかけたころ、遠くからきた商人が、
さらに耳よりな話を教えてくれました。
「バシキールというところではもっと安いねだんで、その10倍の土地が買えますよ。」
「もっと安いねだんで、10倍の土地が？」
商人によると、そこに住む人々はとてもお人好しで、贈り物をたくさんすれば、
ほしいだけの土地を分けてくれるらしいのです。
「うん。それはいい！」
パホームは、近くの農夫から土地を買うのをやめました。そして、召使いの男をつれて、
バシキールへと旅立ちました。

パホームは、7日間、馬車をとばして、ようやくバシキールに着きました。
商人に言われたとおりに、たくさんのおみやげを持って行ったので、パホームは、
バシキールの人たちからたいそう喜ばれました。
「お礼になにかあげたいのだが、なんでも言ってくだされ。」
人のよさそうな村長が言いました。
すかさず、パホームは、「土地がほしい」と言いました。
「どうぞ、どうぞ。土地はいくらでもありますぞ。お好きなところをお取りくだされ。」
「のちのち、もめごとになるといけないので、取り決めをしましょう。」
「わしらは計算が苦手でなあ。そうだ。あんたが1日かけて歩きまわった土地を、
　町の人のひと月分の賃金で売るということで、どうじゃろ？」「い、いいですね！」

よく朝まだ暗いうちに、パホームは、村長たちをせかして、広い土地を見わたせる丘の上まで馬車を走らせました。
「おお、すばらしい！」
青々と広がる美しい大地を見たパホームは、思わず大声をあげました。
これほどの良い土地を、パホームは今まで見たことがありませんでした。

「では、ここから出かけて、ここに帰ってきてくだされ。
　日が沈むまでに一回りしてきた土地があなたのものになるでのう。
　ただ、日が沈まないうちにもどってこないと、すべてがむだになるがね。」
村長は、目じるしとして、キツネの皮のぼうしを地面におきました。
パホームの全身からは元気があふれていました。
パンの入ったふくろと水の入ったつぼを持ち、スコップを肩にかついで出発しました。

「歩けば歩くほど、自分の土地がふえるんだ。こんなに楽しみなことはないぞ。」
とちゅうで立ちどまってはスコップで穴をほり、そこにあたりの草を積み重ねて、しるしにしました。
それから、歩いて、また穴をほり、草を積んで…。それをいくども繰り返しているうちに、
日がのぼり、気温はぐんぐん高くなりました。

「あついあつい、こいつはたまらん。」
パホームは上着をぬぎ、くつをぬいで腰にさげ、
はだしで歩きだしました。
まだ、横にまがるには早いとばかりに、
欲ばってどんどん歩きました。

　ふと、ふりかえると、出発した丘の上は遠くにかすんでいました。
　「よしっ。こんなもんだな。」
　満足そうにうなずいたパホームは、やっと左にまがりました。またそこから、どんどん、どんどん歩いたので、さすがにつかれてきました。
　木かげを見つけたパホームは、そこに入って、おおいそぎで水を飲み、パンを食べると、またすぐに歩きだしました。
　「ふうっ、だいぶ、歩いたな…。そろそろ左にまがるか。」

しかし、先のほうに作物がよく育ちそうな、しっとりとした草地があるのが見えました。
「おおっ。あそこを取らない手はないぞ。」
パホームは、その草地も取りこむことにしました。
そのうち、気温はぐんぐん、ぐんぐん高くなり、
日の光はじりじりとパホームをいじめだします。つかれがずっしり肩にのしかかってきました。
「このあたりでやめておこう。」
やっとパホームは左にまがりました。
もう汗びっしょり、足はまるでふとい丸太にかわってしまったようです。

　時間は、昼をだいぶすぎていました。
「これはいかんな…。このままでは、日が沈むまでにはもどれないぞ。」
　計画では、大きな四角形を描くように歩くつもりでした。
　そうすれば、形の良い土地が得られますが、間にあわなければ、なんにもなりません。
　そこで、パホームは計画をかえて、そこから、まっすぐ丘をめざすことにしました。

ところが、あせればあせるほど、足は思うように動きません。からだじゅうが痛みます。
太陽はようしゃなく、西に落ちて行きました。
とうとう、西の空が赤くそまりはじめました。
「ああ、ちょっと、欲ばりすぎたかもしれないぞ。もしも、間にあわなかったらどうしよう。」
パホームは、のどがからからになり、息もあらくなりました。
足がもつれて、何度もころんでしまいました。

ドロだらけの顔を上げたとき、太陽は見えなくなっていました。
「ここまでか…。」
ところが、ふと丘の上を見ると、村長やバシキール人たちが、
「いそげ、いそげ！」と、手をふっています。

「そうか！　丘の上から見れば、日はまだ沈んでいないんだ！」
パホームは、残っている力をふりしぼってかけだしました。
走って、走って、心臓がからだから飛び出すくらいに走って、やっと丘の上に帰ってきました。

太陽は、まだすこし西の空に残っていました。
「やった…やったぞ…!」
しかし、村長はどうしたわけか、腹をかかえてわらっています。
「どうしてわらうんだ!」
すると、村長のすがたが、商人やボルガ川からきた農夫につぎつぎと
かわっていくではありませんか。そう、悪魔がパホームをゆうわくするために、
彼らにすがたをかえていたのです。

力つきたパホームは、ゆっくりと、
その場にたおれていきました。
手には、キツネの皮のぼうしが
しっかりとにぎられていました。
「やあ、おみごと。
　りっぱに広い土地を手に入れなさったな。」
にやっとわらいながら、村長が言いました。
召使いの男がかけよって、
パホームをだき起こしましたが、
すでに息はありませんでした。

召使いの男は主人のために、
スコップできっかり2メートルの墓穴をほり、
そこに彼をほうむりました。
そして、小さくつぶやきました。
「人は、最後にこれだけの土地があればいいんだな…。」

高(たか)ぶらないように。
また、たよりにならない富(とみ)に望(のぞ)みをおかないように。
むしろ、私(わたし)たちにすべての物(もの)を豊(ゆた)かに与(あた)えて
楽(たの)しませてくださる神(かみ)に望(のぞ)みをおくように。
　　　　　聖書(せいしょ)

人にはどれだけの土地がいるか

2006年4月25日発行

《ペーパーバック版》
たいせつなきみブッククラブ
2022年1月1日発行

原作　トルストイ
文　　柳川茂
絵　　小林豊

発　行　いのちのことば社
164-0001　東京都中野区中野2-1-5
　　　　編集 Tel. 03-5341-6924
　　　　営業 Tel. 03-5341-6920／Fax. 03-5341-6921
落丁・乱丁はお取り替えいたします。
Printed in Japan © 2006　柳川茂　小林豊
ISBN978-4-264-04201-3